NOTE

sur

UNE CARTE MARINE

INÉDITE

DE GIACOMO RUSSO DE MESSINE (1557)

Par le Dr E.-T. HAMY

PARIS

ERNEST LEROUX, ÉDITEUR

28, RUE BONAPARTE, 28

1888

NOTE

SUR UNE CARTE MARINE INÉDITE DE GIACOMO RUSSO DE MESSINE

(1557)

(Extrait du *Bulletin de Géographie historique et descriptive*, 1887, n° 4.)

NOTE

sur

UNE CARTE MARINE

INÉDITE

DE GIACOMO RUSSO DE MESSINE (1557)

Par le Dr E.-T. HAMY

PARIS

ERNEST LEROUX, ÉDITEUR

28, RUE BONAPARTE, 28

1888

NOTE

SUR

UNE CARTE MARINE INÉDITE

DE GIACOMO RUSSO DE MESSINE (1557)

PAR LE Dr E.-T. HAMY.

Le nom de Giacomo Russo était tout à fait inconnu des historiens de la géographie, quand M. M.-G. Canale le mentionna dans son *Histoire du commerce, des voyages, des découvertes et des cartes nautiques des Italiens* publiée en 1866[1]. L'écrivain génois se bornait d'ailleurs à dire que Russo avait fait en 1550 des cartes marines à Messine et rien, dans la phrase ambiguë qu'il consacrait à ce cartographe, ne permettait de se rendre compte de la nature ou de l'importance du monument géographique auquel était empruntée la citation qu'il en avait pu faire. On chercha néanmoins dans les bibliothèques d'Italie les monuments qu'avait laissés Giacomo Russo et lorsque, neuf ans plus tard, MM. Amat di S. Filippo et G. Uzielli achevaient leurs études bibliographiques et biographiques sur l'histoire de la géographie italienne[2], trois cartes nautiques signées *G. Russo*, représentant toutes trois le bassin de la Méditerranée, avaient été retrouvées à Parme, à Turin et à Florence[3]. L'exposition de Venise en fit bientôt connaître deux autres encore, l'une appartenant au sénateur G. Cittadella, l'autre empruntée à la collection du comte de San Martino de Valperga[4] et la nouvelle édition de l'ouvrage cité plus haut, donnée à l'occasion du congrès auquel cette exposition était annexée, renferma des descriptions plus

(1) M. G. Canale, *Storia del commercio, dei viaggi, delle scoperte e carte nautiche degl' Italiani.* Genova, tip, sociale, 1866, 1 vol. in-16, p. 481.

(2) *Studi bibliografici e biografici sulla storia della geografia in Italia, pubblicati per cura della deputazione ministeriale istituita presso la Società geografica italiana.* Roma, tipogr. Elzevir., 1875, 1 vol. gr. in-8, p. 356, 360 et 366, n°° 162, 192 et 294.

(3) Cette dernière pièce en particulier se trouve signalée dans l'*Elenco* de 1878 de l'administration des archives de Toscane.

(4) *Terzo congresso geographico internazionale.* Venezia, 1881 ; *Catalogo generale degli oggetti esposti, compilato per cura del Comitato ordinare.* Parte seconda. *Italia,* p. 38 et 45, n°° 465 et 541. Venezia, 1881, in-8.

ou moins développées de ces cinq monuments[1]. Le plus ancien, conservé aux archives d'État de Florence, a été exécuté en 1520 à Messine. C'est une carte plane de 0^m,63 sur 0^m,94, construite à la manière ordinaire, sur une rose de 32 vents, et qui embrasse l'espace compris entre les Açores, Madère et les Canaries à l'ouest; la mer d'Azof à l'est; les îles Britanniques et le Danemark au nord; enfin, au sud, le *rio de Santanna* (Rio di S. Giovanni)[2]. Elle est rédigée dans un italien mêlé de latinismes et de formes dialectales, ornée de figures de rois, de perspectives de villes, d'images diverses, et porte comme signature la phrase suivante tracée en noir sur la languette, au-dessus d'une madone qui tient l'enfant Jésus dans ses bras : *Jacobus Russus composui hanc cartam inlla nobili civitate Messana, anno Domini 1520, die primo novembris, amen.*

Une seconde carte est de 1535; elle est signée : *Jacobus Russus me fecit in nobili civitate Messanæ a. d. 1535. Amen »*, et fait partie du cabinet de Valperga. Elle a à peu près les mêmes limites que celle de 1520.

L'atlas de Parme de 1549, ou pour mieux dire, le feuillet de parchemin plié en trois, que l'on conserve à la bibliothèque royale de cette ville, répète exactement, à l'année près, la signature de la carte de 1535, mais les limites en sont bien plus restreintes. La carte de Turin (1565) se rapproche beaucoup de celle de Florence, elle est toutefois exclusivement méditerranéenne. On lit sur la base de la languette, au-dessous d'une madone : *Jacobus Russus messanensis me fecit, in nobili civitate Messane anno dñi 1565.* Enfin la carte de 1588 de la collection Cittadella semble s'être inspirée de celle de 1520.

On voit que l'œuvre qui porte le nom de Russo est essentiellement *méditerranéenne*, que les pièces qui la composent sont toutes exclusivement nautiques, et que, si les dates qu'elles montrent ont été correctement relevées, elles s'échelonnent le long d'une période de *soixante-huit* années.

Il est dès lors peu vraisemblable que toutes ces cartes soient sorties de la même plume. Si l'on suppose, en effet, que Russo ait tracé la première vers l'âge de vingt ou vingt-deux ans, la

---

[1] Vol. II. *Mappamondi, carte nautiche, portolani ed altri monumenti cartografici specialmente italiani dei secoli* XIII-XVIII, per G. Uzielle P. Amat di S. Filippo. Roma, Soc. de geogr. italiana, 1882, in-8, p. 109, 137, 143, 155, 281.

[2] Cette identification appartient à M. Amat de San Filippo (II, 109).

dernière se trouverait être l'œuvre d'un vieillard de quatre-vingt-huit à quatre-vingt-dix ans, ce qui n'est guère admissible, étant donnée surtout la délicatesse de travail particulièrement signalée dans cette pièce [1] datée, comme on vient de le voir, de 1588.

J'incline donc à penser qu'il y a eu deux Russo, portant l'un et l'autre le prénom de Giacomo (*Jacobus*) et se succédant à Messine [2].

La carte inédite que je présente au comité et qui a été exécutée, comme on le verra plus loin, en 1557 — elle est postérieure, par conséquent, de trente-sept ans à la plus ancienne des cartes signées de *Jacobus Russus*, — semble dénoter une main déjà fatiguée. Le savant bibliothécaire de Turin signale sur la carte de 1565 des apparences toutes semblables [3], tandis que la pièce de 1588 est d'un aspect bien différent. Cette dernière appartiendrait, à mon sens, à un second *Jacobus Russus*, successeur du premier dans son atelier de Messine.

Ils y avaient probablement été précédés l'un et l'autre, par un certain *Petrus Rubeus* (Pietro Russo) dont le comte Giuliano Merenda, de Forli, possède une carte nautique, non datée, mais sensiblement plus ancienne que toutes celles dont nous venons de parler [4].

(1) Amat de San Filippo (II, p. 156.)

(2) Dans une note manuscrite qu'il a bien voulu me faire tenir par l'entremise de M. Della Vedova, secrétaire général de la Société de géographie italienne, M. Amat de San Filippo, qui se refuse, comme moi, à admettre que toutes les cartes signées *Jacobus Russus* soient du même auteur, se demande s'il n'y a pas eu deux Russo, ou bien si, après la mort de ce cartographe, un successeur n'a pas continué à signer ses œuvres d'un nom favorablement connu dans le commerce des cartes marines. (*Lettre datée de Rome, 15 juin 1887.*)

(3) M. Promis, bibliothécaire royal à Turin, a bien voulu m'envoyer une courte description de la carte de Russo, qui appartient à cet établissement. Cette carte, large de 1m,08, haute de 0m,65, serait fort semblable à la mienne, dont je lui avais envoyé la reproduction partielle jointe à la présente note. « L'on voit, à première vue, dit M. Promis, que la même main a tracé et dessiné les deux cartes, en les décorant de miniatures identiques... Le dessin des figures, animaux, villes, têtes d'anges, etc., est très lâché et prouve que l'auteur n'était pas artiste ; au contraire, la calligraphie est assez bonne. Notre parchemin a, des deux côtés, une bordure de trois couleurs, rouge, bleu et azur ; le blanc porte une graduation répétée tout le long... L'inscription autographe se trouve un peu à droite de la rose des vents, au milieu de laquelle Russo a mis une Madone avec l'Enfant-Jésus, dessiné avec raideur, comme la vôtre... »

(4) Je traduis ci-dessous la description de ce monument, telle qu'on la trouve

Quoiqu'il en soit d'ailleurs, ces cartographes ne sont, comme tous leurs contemporains de Messine, d'Ancône, de Raguse, etc., que de simples copistes, reproduisant, avec plus ou moins d'habileté manuelle, à l'usage des pilotes de leur temps, des cartes *construites suivant un type traditionnel*, sans ajouter rien ou presque rien aux connaissances géographiques dont ils ont reçu

dans l'*appendice* ajouté en 1884, par M. Amat de San Filippo, au deuxième volume de la seconde édition de son livre (p. 45-46).

« xv° siècle (fin). — Carte nautique sur une feuille de parchemin rectangulaire, qui mesure 0ᵐ,74 sur 0ᵐ,97.

« Elle est écrite en caractères rouges, demi-gothiques, la langue usitée est l'italien mêlé de latin, avec des formes dialectales siciliennes. Les inscriptions placées à côté des figures sont en gros caractères romains. Couleurs rouge, azur, vert, or et argent. L'état de conservation du parchemin est médiocre et il paraît avoir beaucoup servi, aussi les couleurs et les caractères sont pâles ; comme dans beaucoup d'autres cartes, l'argent a noirci et l'or est tout à fait effacé. Les légendes sont difficiles à déchiffrer.

« Les limites de la carte sont : au nord, la mer d'Allemagne et les régions mal esquissées de la Russie et de la Scandinavie ; à l'est, la mer d'Azof, la mer Noire avec les côtes de l'Arménie, de la Syrie, de la Palestine, de la mer Rouge et de l'Arabie ; au sud, le Maroc, les côtes de Barbarie jusqu'à la chaîne de l'Atlas, l'Égypte, la Nubie et l'Abyssinie ; à l'ouest, l'Angleterre (*Inglaterra*,) l'Écosse, l'Irlande (*Ierllanda*), le Danemark (*Dacia*), la Hollande (*Selanda*), les côtes occidentales de France, d'Espagne et de Portugal, les îles Canaries et Madère.

« Les roses des vents sont au nombre de quinze disposées autour d'une rose centrale plus grande. L'auteur s'est fait connaître par la signature suivante : *Ego Petrus Rubeus de Messina composui hanc cartam* (ici manque un morceau du parchemin) *in civitate dicta gentili, Anno Domini.... Amen.*

« La date est complètement effacée, mais de l'ensemble des caractères intrinsèques et extrinsèques, il résulte qu'elle peut appartenir à la fin du xv° siècle.

« A gauche, dans la languette, est dessinée une image de la madone avec l'enfant Jésus dans les bras, mais il y a une déchirure dans le parchemin.

« En Afrique, au pied de la chaîne de l'Atlas qui s'étend du Maroc jusqu'à l'Égypte, on lit : *Sapiate che questa è una montanya chiumata la catena di Barbaria laquali fan molti dattili osia molli...*

« A l'extrémité orientale de la chaîne de l'Atlas est dessiné un pavillon avec un souverain ceint du turban et assis sur un trône, et au-dessous est écrit : *Sapiate chisto apellato li grā Soldano de Babylonya lo quali senyoriza in fino le terre d'Egipto zoe la casa santa de Jerosalem.*

« Au bas de la carte sont quatre figures, trois de rois couronnés et la quatrième, à l'est, avec la mitre et le bâton pastoral. A côté de la première figure, on lit *Rex Libie* ; à côté de la seconde, *Rex Arabia* ; à côté de la troisième, *Rex Nubie* ; et à côté de la quatrième, *Lo prest Iohni* : c'est le fameux preste Jean, *Prete Janni, Presbiter Johannes*. Ce dernier, qui n'est autre que le soule dépôt. La pièce que je mets sous vos yeux est particulièrement caractéristique à ce point de vue spécial.

C'est une carte de fort parchemin qui mesure 0^m,53 de hauteur et 0^m,87 de largeur avec la languette qui le prolonge à gauche et qui portait jadis la ligature du rouleau. On lit sur cette languette, à côté d'une figure de madone assez pauvrement dessinée, la signature :

Jacobus Russus me fecit
in nobili ciuitate messa
ne anno dñi 1557
Amen

Les bords supérieur et inférieur de la carte sont munis d'une échelle graduée en degrés coupés de deux en deux de points noirs qui représentent autant de fois douze secondes. La projection est plane et l'auteur ne tient pas compte de la décli-

verain d'Abyssinie, a, comme on l'a dit, la mitre épiscopale et le capuchon rabattu et tient en main un bâton pastoral terminé par une croix. A son côté gauche s'élève une église surmontée de la croix, placée au bord d'un fleuve. Plus à l'est, on rencontre la mer Rouge avec la légende : *Aquesto es lu mari rubra Sapiati chi la mari no es rosa ma es lu fondo chi e de quel color.*

« Au nord de la Mecque s'élève le Sinaï avec cette légende : *Sapiati chi*

naison. Une rose de 32 rhumbs, peinte de noir et de rouge, est au centre de la carte, qui tombe un peu à gauche de la presqu'île de Morée.

Deux autres roses, plus grandes, rouges, noires et vertes, occupent les entrecroisements du nord et du sud ; deux autres, toutes semblables, sont au sud-ouest et au sud-est. Le nord est représenté sur ces quatre roses par l'aiguille de la boussole, le midi par une sorte de disque, déformation de la figure lunaire, que l'on trouve à la même place dans les anciennes cartes, le levant par une croix dérivée de la roue solaire, le couchant, enfin, par un P, abréviation du mot *ponente*. Les noms des points intermédiaires sont rappelés par les lettres M (*magistro*), G (*grego*), L (*libetzo*), S (*siroco*).

La carte comprend toutes les côtes de la Méditerranée et celles de l'Atlantique, depuis Mongia, en Espagne, jusqu'au cap Cantin (*cap di Cantin*) et à Saffie (*Safin*) au Maroc. Ces côtes et les îles qu'elles circonscrivent sont couvertes d'inscriptions écrites assez nettement [1] en minuscules du milieu du xvi° siècle ; les unes sont tracées au vermillon, ce sont celles qui désignent les localités les plus importantes, les autres sont simplement

questo monte es monte Sinnaj la quale nostro Senyor dona la ligi a Moises et quali...

« Dans le détroit de Constantinople brille la figure du grand Sultan avec l'inscription *Aquesto es la gran Turco de Constantinopoli la quali es unu Gran Singori*. Cette légende indique bien que la carte est postérieure à la prise de Constantinople (1451).

« Dans la mer du Nord, on lit *Mer de Alamagna che sta ingrasata sei mixi del' ano*.

« Au delà de la mer Rouge s'élève sur la côte Arabique la grande Caaba où est enseveli Mahomet avec l'inscription *La Mecha de li Mori*.

« Le parchemin que l'on vient de décrire, dit en terminant M. Amat de San Filippo, se trouve dans la possession de mon ami le comte Giuliano Merenda, à Forli. Il a appartenu à un de ses ascendants qui, au siècle dernier, fut chevalier de Malte. » (*Appendice agli studi biografici e bibliografici sulla storia della geografia in Italia* per P. Amat de San Filippo. Roma, Soc. geogr., 1884, in-8.

(1) Cette nomenclature géographique est d'ailleurs généralement très inférieure en exactitude à celle des documents de même ordre publiés au xiv° et au xv° siècles. Voici, à titre d'exemple, ce que l'on peut lire sur les côtes françaises de la Méditerranée (*V. la planche*). Nous juxtaposons, à titre de renseignements comparatifs, à la liste de noms empruntés à G. Russo, celle de l'*Atlante Luxoro* publié par MM. Desimoni et Belgrano (*Atlante idrografico del medio evo posseduto dal Prof. Tammar Luxoro publicato ed annotato da*

en noir. Les côtes elles-mêmes sont, pour la plupart, légère-
ment ombrées de bistre; mais quelques grandes îles, comme
la Sicile et Candie, quelques presqu'îles importantes, telles que
la Morée ou la Crimée, les estuaires de plusieurs grands fleuves,
Danube, Dniéper, Nil, sont encadrés de vert. D'autres îles,
Majorque par exemple, sont peintes en rouge; Rhodes (*Rodas*)
garde encore les couleurs des chevaliers de Saint-Jean ; Khio
(*Sio*) porte celles de Gênes. Les îles plus petites sont cernées de
bleu comme Malte, ou teintées de vert (*Mitellin*, Metelin), de
rouge (*Pantelaria*, Pantellaria) ou de bistre (*Nigropolli*, Négre-
pont). Les bancs de sable sont pointillés de rouge et les récifs
indiqués par de petites croix noires.

La mer Rouge est striée de flots de couleur vermillon au milieu desquels se détachent trois rangées d'îles anonymes, toutes
rondes, aux teintes éclatantes, alignées en quinconces. Les montagnes (Atlas, Alpes, Sierra Morena) sont grossièrement bario-

Desimoni e L. T: Belgrano. Genova, 1867, gr. in-8, p. 49-50) et qui remonte
aux premières années du xive siècle.

Att. Luxoro	*Carte de Russo*	*Cartes modernes*
Poruerens	P. Uener	Port-Vendres
Colluuro	*Colibri*	Collioure
Salxe	. . . .	Salces
Leocatta	C. Liocata	C. Leucate
. . . .	Lanquis	Leucate ?
Narbona	*Narbona*	Narbonne
Sanpera	Saper	Saint-Pierre
Serignam	. . . .	Sérignan
Agde	*Adde*	Agde
Cauo de Septa	. . . .	C. de Cette
Monte de Zera	Monti Sipo	M. de Cette
Magallona	*Magalona*	Maguelonne
. . . .	Clantes	Lates
Stagnom	. . . .	Etangs de Maugulo
. . . .	*Monpiler*	Montpellier
Aquemorte	*Aquismorti*	Aigues-Mortes
Mea	. . . .	Saintes-Maries
[A]uignom	*Auingnoni*	Avignon
Arlles	Arlles	Arles
Odor	Odor	Roque de Dour
Bocolli	Bucar	Bouc
Bonim	. . . .	Bône
Collone	Colonis	C. et P. Couronne

lées de vert et les fleuves qui en descendent sont peints d'un trait épais de couleur d'azur. Quelques-uns de ces cours d'eau, le Rhin et le Danube, par exemple, esquissés de la façon la plus incorrecte, sont représentés enfermant sur leur parcours des espaces plus ou moins circulaires qui peuvent correspondre à des lacs, tels que celui de Constance sur le Rhin, ou à des îles, comme il s'en rencontre de fort grandes, le long du Danube.

Ces particularités que l'on retrouve, ainsi que la plupart de celles qui viennent d'être énumérées dans les autres œuvres signées *Russo*, sont de tradition dans la cartographie du moyen âge, qui, dès ses débuts, donne au cours supérieur du Danube et du Rhin une disposition symétrique, leur fait, à l'un et à l'autre, traverser des masses d'eau, de mêmes formes et de mêmes dimensions (*lacus Rinus* ou *Rinis* [1], *lacus Danoye* ou *Danoya*), enfin

Marseia	*Marsagla*	Marseille
. . . .	Garganta	Notre-Dame de la Garde?
Pormm	Noet	Port Miou
Aquillo	. . . .	Bec de l'Aigle
Bendormi	. . . .	Bandol
. . . .	C. Circelli	C. Sicier
Sanaxar	. . . .	Saint-Nazaire
Tolom	*Tolon*	Toulon
Carabaxera	. . . .	. . . .
Erens	*Revi*	Hyères
Bonar	C. Binay	C. Benat
Fraxneo	. . . .	Garde de Frainet
Fragur	*Frigol*	Fréjus
Agaul	. . . .	P. d'Agay
Santa Margarita	S. Margarita	Sainte-Marguerite
Gallopa	. . . .	C. de la Garoupe
. . . .	*Antibol*	Antibes
. . . .	Cancua	Cannes
. . . .	Varo	Var R.
Niza	*Niza*	Nice
Olivi	*Vila Franca*	Mont Olive, Villefranche
Monago	*Monaco*	Monaco

Les noms soulignés dans ces deux listes sont écrits en vermillon. Trois îles, dont les noms sont écrits en sens inverse de ceux du littoral, figurent devant *Tolon* et *Revi*. Ce sont, de l'E à l'O., Ribaldini, P. Grosso, Bonomo, l'île Roubaud et les îles d'Hyères telles qu'on les trouve encore nommées dans les portulans du xviie siècle.

(1) J'emprunte ces termes de comparaison à la mappemonde de Dulcert ou à l'atlas catalan de Charles V. Le *lacus Rinus* ou *Rinis*, est le lac de Constance, mais le *lacus Danoye* ou *Danoya* n'existe pas dans les conditions où il est figuré dans les cartes sus-mentionnées. L'île de Jaurim *que magna*

développe, outre mesure, le long du Danube, trois grandes îles désignées dans les anciennes mappemondes sous les noms de *Jaurim*, de *Buda*, de *Sermia*, mais devenues anonymes dans la carte marine de Russo.

Cinq villes, également anonymes, sont peintes d'une façon sommaire, renversées le long de la rive méridionale du Danube. A en juger par d'autres cartes antérieures, ces villes pourraient correspondre à Jaurim, à Bude, à Albe Royale, à Semendria, à Viddin.

Russo, qui reproduit, à simple titre d'ornement, ces enluminures copiées dans de vieux modèles dont il ne cherche pas à pénétrer la signification, plante hardiment sur les quatre premières de ces villes l'étendard hongrois qu'il a trouvé peint au-dessus d'Albe Royale, dans des œuvres qui ont plus de deux siècles et, sur la dernière seule, il remplace l'ancienne bannière des khans de Tartarie par le drapeau des Turcs, jaune avec un croissant rouge dont les cornes sont tournées vers la hampe [1].

Cinq autres villes sans nom, d'un dessin analogue, un peu plus développées toutefois, suivent le bord supérieur de la pièce, qu'elles touchent presque de leur pied. Les trois premières vers l'ouest sont surmontées de drapeaux de diverses couleurs où se trouve grossièrement représenté, soit en jaune, soit en noir, l'aigle à deux têtes de l'Empire. Ce sont probablement Vienne ou plutôt S. Veit qui en est voisin, Baks, sur la Theiss, et Ksarnad [2]. Les deux autres, situées à l'est, ont l'ancre à double barre d'or ou de gueules sur gueules ou sur argent, et répondent, sans aucun doute, à Léopol (Lemberg) et à Cracovie, ainsi blasonnées déjà sur les vieilles cartes catalanes du xive siècle.

dicitur correspond peut-être à l'île qui est au voisinage de Gran, comme celle de *Buda* équivaut à la plus grande des îles situées au voisinage de Bude. Enfin, l'île de Sermia est probablement l'île qui avoisine Semendria. Lelewel fait de cette dernière : « Sabacz déplacée. » (T. II, p. 64.)

(1) Tous ces détails rappellent presque identiquement ceux qu'on relève dans les autres cartes de fabrication messinoise. On pourra comparer, par exemple, notre description avec celle que d'Avezac consacrait, en janvier 1844, à une carte de cette origine, paraissant remonter à 1511. (D'Avezac, *Note sur une ancienne carte manuscrite historiée de la collection de Guillaume Barbié du Bocage. Bull. Soc. de Géogr.*, 3e sér., t. I, p. 63-79, 1844.)

(2) Du moins sont-ce ces villes que les cartographes se sont habitués à représenter au nord du Danube. (Cf. d'Avezac, *loc. cit.*, p. 72.)

L'espace demeuré vide entre la chaîne de l'Atlas et le bord inférieur de la carte est rempli par de petites vignettes faisant pendant à celles dont je viens de parler et représentant des villes africaines surmontées des drapeaux de l'Islam. D'autres drapeaux ornés de croissants se voient de Bône (*Bona*) et de Tunis (*Tunisi*), au Caire (*lo Chayro*) et à Béthanie (*Betania*). Les couleurs portugaises flottent à Ceuta (*Septa*), l'écusson espagnol domine Brisk (*Brisco*), Alger (*Alger*), Bougie (*Bugia*) et Tripoli (*Tripoli veio*). Une croix d'or brille sur le drapeau rouge de Jérusalem (*Jerosalemi*) et le *Monte Sinay* étale sur ses flancs verdoyants la blanche silhouette du célèbre monastère de Sainte-Catherine.

Le croissant reparaît à Damas (*Damasco*), à Antiochette (*Antiosia*), à Adalia (*Satalia*), à Amasserah (*Samast*), à Sinope (*Sinopi*), à Samsoun (*Simixio*), à Sevastopol (*Savastopolli*), à Kerasoun (*Jeresonda*), en Cumanie (*Comania*), à Akjerman (*Moncastro*), à Maronia (*Marona*), à Salonique (*Salonichi*), enfin à Durazo (*Doraco*). Mais Curch (*la Corco*) a conservé son pavillon, Altologo a l'ancien drapeau de Feradelfia, et Trébizonde (*Tribisonda*) est encore surmontée de la bannière des Paléologues, qui flotte également, chose curieuse, à côté de l'étendard du Grand-Turc, sur le Bosphore de Constantinople. Enfin Caffa (*Cafa*) continue à arborer la croix génoise.

On remarque sur les côtes de l'Adriatique les drapeaux de Narent (*Narento*), de Sebenicho (*Sibinico*), de Zegne (*Singna*), identiques à ceux des vieilles mappemondes du xiv° siècle [1].

Enfin deux grandes vignettes représentent, à peu près à leur place, les villes de Venise et de Gênes. Aussi bien que tous les autres ornements de la carte de Russo, ces vignettes reproduisent des images traditionnelles, qui traînent depuis des siècles parmi les accessoires des fabricants de cartes nautiques. On reconnaît, non sans y mettre quelque complaisance, dans la représentation de Venise les coupoles de Saint-Marc et peut-être la giran-

---

(1) La négligence du cartographe déplace à chaque instant les drapeaux traditionnels, qu'il copie dans d'anciennes cartes. Ainsi, le drapeau de Narent est sur Raguse, comme celui d'Antiochette sur *Calandra*, celui de Trébizonde sur le *Capo di gosi*, etc., etc. Nulle part ces déplacements ne se font sur une plus grande échelle que sur le littoral africain, où le drapeau de Tripoli est à *Tripoli veio*, où l'on en voit d'autres au *C. la Succa*, à la *p. dirasa*, etc.

dole. Gênes est beaucoup plus ressemblante avec la *Lanterna* et le *Molo Vecchio*, qui en circonscrivent le Port...

Je termine ici ce que j'avais à dire de la carte marine de Russo.

On trouvera peut-être un peu trop développée la description que j'ai consacrée à ce document, qui ne possède, à vrai dire, par lui-même qu'un intérêt assez médiocre. Si j'y ai longuement insisté, c'est que son étude permet de mesurer exactement la décadence de l'art du cosmographe dans la seconde moitié du XVI° siècle. Tandis que les premiers dessinateurs de cartes enregistraient avec soin les moindres détails nouveaux rapportés par les pilotes et tentaient même d'embrasser dans le cadre de leurs études les découvertes encore peu connues de Plan Carpin, de Rubruquis ou dé Marco-Polo, leurs successeurs se' bornent à répéter indéfiniment les contours géographiques qu'ils ont trouvés inscrits dans les anciennes mappemondes et n'hésitent pas à reproduire des indications surannées qu'ont depuis longtemps modifiées les révolutions de la politique internationale. Russo, par exemple, dessine les rivages de la Méditerranée, les fleuves qui s'y rendent, les montagnes d'où ces cours d'eau descendent comme les aurait dessinés un cosmographe de la fin du XIII° siècle. Le Guadalquivir et la Sègre, par exemple, partent toujours sous sa plume comme sous celles des premiers Catalans, du pied d'une même montagne où s'élève la place forte de *Segura*. Les massifs des Alpes ou de l'Atlas conservent leurs contours archaïques, etc., etc.

Avignon a gardé l'étendard des papes, que Rome n'arbore pas plus que sur les mappemondes rédigées avant le retour de Grégoire XI dans la ville éternelle.

Russo semble ignorer que les Turcs sont sur le bas Danube depuis plus de cent soixante ans, que les Grecs ont été expulsés de Constantinople et de Trébizonde en 1453 et en 1461, qu'il n'y a plus de Génois à Caffa depuis 1475, que les chevaliers de Saint-Jean ont perdu Rhodes en 1522, que Khéïr ed Din a repris aux Espagnols, en 1530, le Peñon d'Argel, que ceux-ci, en revanche, sont à Tunis depuis 1535, mais ont quitté Tripoli en 1551, enfin que Bougie, prise en 1510 par dom Pedro de Navarra, est devenue, en 1555, deux ans par conséquent avant la confection de la carte, la propriété du dey d'Alger.

Il n'est pas sans intérêt de remarquer, en terminant cette

étude, que les incorrections de toute espèce, relevées au cours de la description que l'on vient de lire, auraient été de nature à faire complètement errer un géographe cherchant, en l'absence de date, à déterminer l'âge exact du document que nous avons sous les yeux. Sans nul doute, en reconnaissant à Chio le drapeau génois, qui n'en fut arraché par les Turcs qu'en 1566, il aurait conclu que la carte de Russo n'était pas postérieure à cette année, mais en voyant à Rhodes le drapeau des chevaliers, à Caffa les couleurs de Gênes, à Constantinople les armoiries des Paléologues, etc., il aurait pu se croire obligé de remonter successivement aux dates de 1522, 1475, 1453, etc.

Notre carte est datée, et par conséquent toute erreur chronologique est impossible dans l'espèce, mais bien d'autres cartes anépigraphes, analysées par des critiques qui ne savaient pas faire la part de la routine dans leur exécution, ont été ainsi démesurément vieillies[1].

(1) Je citerai, entre autres, la carte de Dijon, publiée par M. Gaffarel dans les *Mémoires de la Commission des Antiquités de la Côte-d'Or*.

FRAGMENT DU PORTULAN DE GIACOMO RUSSO, DE 1557.

ANGERS, IMP. BURDIN ET Cⁱᵉ, RUE GARNIER, 4.